DISSERTATION
SUR LES INDEMNITÉS,

OU RESTITUTIONS

A FAIRE AUX ÉMIGRÉS SANS PORTER ATTEINTE A LA CHARTE ET SANS AGGRAVER LE POIDS DE LA DETTE PUBLIQUE, DANS LAQUELLE SE TROUVE UN PROJET D'AMÉLIORATION EN FAVEUR DES CURÉS OU PASTEURS DES ÉGLISES DE FRANCE.

PAR L.-J. D***.

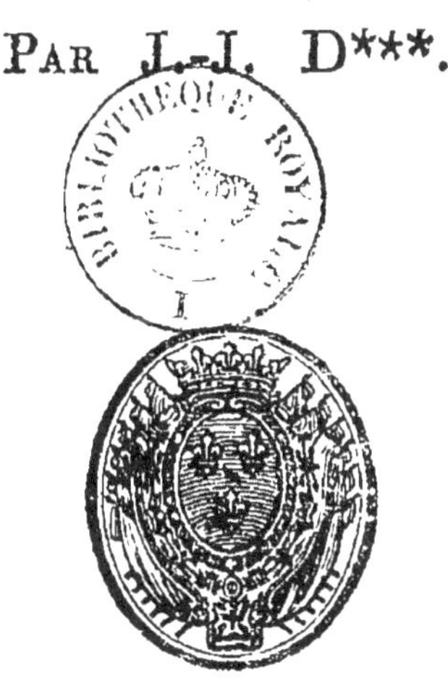

A PARIS,

CHEZ L. G. MICHAUD, IMPRIMEUR-LIBRAIRE,

RUE DES BONS-ENFANTS, N°. 34.

M. DCCC. XVIII.

DISSERTATION
SUR LES INDEMNITÉS,
OU RESTITUTIONS

À FAIRE AUX ÉMIGRÉS SANS PORTER ATTEINTE A LA CHARTE ET SANS AGGRAVER LE POIDS DE LA DETTE PUBLIQUE, DANS LAQUELLE SE TROUVE UN PROJET D'AMÉLIORATION EN FAVEUR DES CURÉS OU PASTEURS DES ÉGLISES DE FRANCE.

> Celui qui isole une pensée utile à son pays, commet un dol envers la société.

Inconnu dans la république des lettres, je livre ma pensée au public, mu par un sentiment bien pardonnable sans doute, puisque le fond de mon ouvrage reportera l'attention publique ou privée sur une classe de citoyens français qu'éprouva le malheur, qu'atteignit l'adversité. Le moment ne peut être plus favorable, puisque la tendre sollicitude du Monarque, à laquelle se joint le vœu des Chambres, appelle cette attention.

Je considérerai la position des émigrés sous le rapport des lois pénales existantes contre eux pendant la durée de la révolution ; je passerai ensuite à l'examen de la situation où les plaça le *sénatus consulte* qui les amnistia. Je m'occuperai enfin du cercle dans lequel ils sont circonscrits, par la Charte, depuis le retour si desiré des Bourbons, me permettant d'indiquer les moyens d'améliorer leur position sans porter atteinte au pacte social qui nous régit et aux lois immuables de propriété qu'il consacre.

Les maux incalculables que la révolution a produits, les crimes auxquels elle a donné naissance, ou que du moins elle a soufferts ou commandés, ne sont point effacés par quelques légers bienfaits qu'elle peut avoir créés en faveur du peuple français. Hâtons-nous de développer les bases sur lesquelles reposent les propositions que j'ai émises, et qui servent de type régulateur à ma pensée.

A peine la révolution eut-elle commencé, qu'il se développa de toutes parts et dans toutes les castes, une opposition manifeste aux principes qu'elle consacrait. Il ne m'appartient point d'examiner de quel côté se trouve le juste ou l'injuste, et je suis trop bon français pour ne pas être convaincu que le premier de nos devoirs est d'oublier le passé, en nous reposant sur les espérances du bonheur qui peut encore exister pour une génération qui va s'éteindre, et qui, pendant vingt-cinq ans, lutta contre l'adversité.

Peu après que l'Assemblée Constituante eut proclamé la nouvelle constitution du peuple français qui consacrait le droit qu'avait tout individu d'aller au-dehors et au-dedans, l'émigration prit naissance et donna lieu aux mesures répressives que je vais développer.

On commença d'abord à rappeler les Français fugitifs, et on prescrivit un délai, passé lequel la saisine de leurs biens devait avoir lieu; et en effet les biens des absents furent séquestrés. Cette mesure amena bientôt celle de la confiscation absolue; elle fut même étendue jusqu'à la condamnation à la peine capitale.

Les biens confisqués, devenus propriétés nationales, furent vendus. La mort civile, encourue par l'émigré, amena même la confiscation des biens qu'il ne possédait pas. Les auteurs des jours de l'infortuné fugitif, tranquilles et soumis aux lois qui régissaient la France, furent contraints de payer, de leur vivant, la part d'hérédité de leur fils, mort civilement : hérédité que le fils n'aurait peut-être pas possédée s'il fût resté sous le toit paternel.

Le père de l'émigré fut criminalisé et dépouillé pour une faute ou délit qu'il n'avait pas commis; incarcéré et proscrit pour n'avoir point en quelque sorte fui le sol natal, et ce, au mépris des constitutions et des lois qui déclaraient les fautes purement personnelles. On vit même, dans le temps, le frère d'un criminel, qui avait subi une mort infamante et justement méritée, fêté et protégé, afin sans doute de mettre en pratique le principe de la responsabilité purement personnelle.

A ces mesures plus qu'arbitraires, succédèrent les ventes des biens qualifiés nationaux ; on déclara ces biens affranchis de toute hypothèque, et par-là les dots de femmes, les légitimes des frères ou sœurs qui pouvaient être prises en nature, se trouvèrent mêlées et confondues avec la propriété de l'émigré. On déclara que la nation se chargeait de payer les dettes ; mais Dieu sait de quelle manière elles furent payées. L'épouse, veuve du vivant de son mari, vit sa dot réduite au tiers consolidé, jouissance aussi modique qu'illusoire, puisque sa qualité d'épouse d'un émigré la rendait suspecte ; et cette dénomination suffisait pour motiver son incarcération, sa condamnation, qui emportait avec elle la confiscation du tiers consolidé. Souvent la hache révolutionnaire atteignait la malheureuse épouse coupable par son mari, qui du moins avait mis sa tête à l'abri du fatal couteau. Aussi à combien de divorces cette mesure n'a - t - elle pas donné naissance. Cependant il existe encore de tendres épouses, d'heureuses mères, dont les étreintes vertueuses ceignent l'époux avec lequel elle avait divorcé, ou le fils bien-aimé pour lequel elle avait été contrainte d'abandonner une portion de succession dévolue à la nation, en vertu du droit qu'elle avait émis d'hériter d'un mort vivant.

L'acquit des dettes de l'émigré, ainsi que les hypothèques légales ou conventionnelles sur lesquelles elles reposaient, furent méconnues, oubliées, peu ou point liquidées, et tombèrent enfin, par des décrets aussi injustes qu'immoraux, en déchéance, quoique imprescriptibles de leur nature. Il est consolant d'entrevoir l'heureuse époque où la sollicitude de notre généreux Monarque, et l'intervention bienfaisante et protectrice de nos Chambres, reportent l'attention sur ces plaies profondes, que si l'on ne parvient pas à cicatriser, déversera du moins sur elle le baume consolateur d'une juste indemnité.

Hâtons-nous de sortir du labyrinthe sanglant de ce code révolutionnaire, dont, pour abréger la numération, j'ai rompu si souvent le fil.

Celui que les circonstances favorisèrent, que la valeur des armées françaises éleva si haut, sentit que les émigrés proscrits, ruinés, dispersés sur une terre étrangère qui n'était plus hospitalière pour eux, ne pouvaient être dangereux pour lui ; surtout lorsque cette proscription et c exil cesseraient. Il pensa que sa toute-puissance contiendrait ou réprimerait ceux qui ne se dévoueraient pas entièrement à son service ; et en accordant à quelques autres des places ou des dignités, il s'assurerait de nouveaux serviteurs. C'est sur ces bases et ces principes qu'il fit paraître le sénatus-consulte qui amnistia les émigrés.

Ici, il me semble que je dois parler d'une vérité importante; ou l'émigration est un délit, ou elle peut être considérée comme dévouement à son prince, à sa foi, à sa patrie. Dans le premier cas, l'amnistie couvre tout, elle efface à jamais le code pénal de cette législation révolutionnaire, elle abolit la confiscation et semble commander la restitution, ou, à défaut, l'indemnité préalable de ce qu'on ne peut plus rendre.

Dans la seconde hypothèse, le dévouement, le service rendu à son prince, s'il ne peut ou ne doit pas être récompensé, du moins ne doit-il pas être puni. N'a-t-on pas vu par suite de cette intégrité, compagne inséparable de notre Monarque, une foule d'individus que les circonstances ont éloignés du sol français, emporter au-dehors et leurs richesses et les nôtres ? N'ont-ils pas eu la faculté de disposer de leurs biens territoriaux qu'ils ne pouvaient emporter ? Si la Charte s'oppose à la restitution des propriétés des émigrés vendues, on peut dire que l'immuable justice assimile l'émigré à tout citoyen qui se voit contraint de livrer sa propriété à l'intérêt public qui la réclame. Mais cette privation est précédée d'une indemnité préalable, je dirai même plus; cette indemnité que je réclame pour l'émigré a eu en quelque sorte lieu lors de la vente de son bien; en effet, l'acquéreur a acheté de bonne foi et en vertu des lois et de la constitution d'alors, et il ne peut plus être recherché; mais en acquérant, il a payé. En supposant que ce paiement n'ait pas atteint la valeur réelle, il en a couvert du moins une partie, et le *quantùm* de ce paiement est encore intact dans les mains du gouvernement.

Pour donner à mon opinion le développement dont elle est susceptible, je divise le domaine en portion matérielle du fonds aliéné, et en portion pécuniaire de ce même fonds; quant à la première partie de cette division, la Charte en consacre à jamais l'aliénation; quant à la seconde, elle ne la proscrit pas; et en établissant que la confiscation est abolie, elle consent, implicitement si l'on veut, la restitution du produit pécuniaire dont le confiscateur se trouve nanti; en principe incontestable, *donner et retenir ne se peut*; l'on a vendu le domaine et l'on en retient le prix, dès-

lors l'amnistié n'éprouve-t-il pas deux confisca-
tions pour une? Comparons la position de l'amnistié à celle d'un homme prévenu d'un délit,
poursuivi et contumacé par les tribunaux; admet-
tons sa condamnation : eh bien, dans l'espèce,
d'après le Code civil, le condamné absent supporte la saisine de ses biens, le domaine les régit,
en perçoit les revenus; cette séquestration dure
cinq ans; et si dans cet intervalle le contumace
revient; si, se constituant prisonnier, il est jugé
et acquitté, la saisine cesse, il reprend sa propriété, néanmoins les fruits et revenus perçus sont
perdus sans retour pour lui. L'émigré n'est-il pas
positivement dans ce cas, il a été accusé, jugé,
contumacé, la saisine de ses biens a eu lieu, il a
perdu le fonds, les fruits; mais, rentré en vertu
d'une loi d'amnistie ou de justice, peut-il être
privé du capital qu'a produit sa propriété? capital encore dans les mains de celui qui l'a accusé, poursuivi, condamné, amnistié.

Dans tout état sagement administré, la loi est
égale pour tous, soit qu'elle protège, soit qu'elle
punisse; ainsi, grands ou petits, pauvres ou ri-
ches, patriciens ou plébéiens, peuvent ou doivent
revendiquer l'application de ce principe. Qu'im-
porte aux yeux de la loi que le premier prince
du sang et son cocher aient émigré, l'application
de la peine ou de l'amnistie est la même; et la

proportion de la restitution diffère seulement eu raison de la distance du rang ou de la fortune. Cependant le prince rentre avec justice dans son palais invendu ; revendique (peut-être avec fondement) ses domaines apanagés qui le sont ; et son serviteur fidèle qui l'a suivi dans son émigration, rentré avec lui, a trouvé sa chaumière vendue ; et si la mort l'a frappé, sa veuve ou ses enfants glanent peut-être, pour vivre, dans le champ qui fut leur propriété.

Mais, je le répète, cette propriété qu'il a été obligé de céder à l'avantage de la masse, a eu un produit métallique quelconque. C'est ce produit qu'on lui doit. Dans l'espèce que je défends, l'indemnité sera toujours au-dessous de la valeur réelle, mais c'est un mal irréparable par les circonstances qui le rendent nécessaire.

Dans la masse des émigrés, il s'en trouve qui, sans avoir des successibles, n'en méritent pas moins l'attention du Monarque et des Chambres. Je veux parler de ces bons prélats, de ces vertueux pasteurs. Il en est un grand nombre qui ont sanctifié leur foi, et acquis la palme du martyre ; d'autres qui, sacrifiant à l'*idole de Balaam*, ont renié leur Dieu ; mais sur qui le chef de l'église, dispensateur de la divine miséricorde, a déversé ou la pénitence ou l'absolution, et les a appelés de nouveau à être les interprètes ou les organes des préceptes évangéliques.

La religion si consolante pour l'homme, si belle dans ses préceptes, se relève triomphante et reparaîtra sans doute dans sa majestueuse simplicité ; et si ses ministres ont perdu sans retour cette opulence dangereuse pour leur salut, ce faste et cette illustration repoussés par le divin Maître (faste qui fut peut-être cause que la main de Dieu s'appesantit sur eux), ils doivent cependant retrouver dans l'exercice du culte un revenu suffisant qui les mette non seulement à l'abri du besoin, mais encore qui leur fournisse les moyens de soulager l'infortuné.

La religion ne se complaît pas sous des lambris dorés ; l'Homme-Dieu qui s'immola pour le salut du genre humain, n'avait ni sceptre ni thiare ; sa couronne était d'épines ; ses rubis, des gouttes de sang ; son sceptre, un roseau ; ses vêtements, une robe de bure ; sa demeure, le désert ; son apostolat se manifestait au hameau, dans les chaumières ; sa prédication était toujours précédée par l'extension de ses mains bienfaisantes et divines sur le lépreux et l'affligé. Et c'est pourtant de nos jours que de nombreux imitateurs de ses vertus ont été chassés du sanctuaire. Il n'existe pas de village, de hameau qui n'ait son pasteur luttant contre le besoin ; ne pouvant secourir les indigents qui l'entourent que par ses prières. Ah ! qu'il est consolant de voir un juste et pieux Monarque amener, provoquer l'attention sur cette portion vertueuse et intéressante de ministres, dispensateurs de cette charité populaire, qui, par leur position, les met toujours en présence de l'indigence et du malheur. Ils me semblent faire en quelque sorte une classe privilégiée dans leur ordre, qui me permet de desirer que le curé ait un peu plus, et l'évêque un peu moins.

Serait-il si onéreux ou si difficile de placer auprès de ces médecins de l'ame, des dépôts de médicaments? Le malade qui verrait arriver près de lui ce bon pasteur, qui lui présenterait d'abord des remèdes salutaires pour atténuer sa fièvre ou calmer ses douleurs, ne serait-il pas plus disposé à l'écouter, lorsque son saint ministère lui imposerait la loi de lui rappeler que les afflictions, la douleur, furent le partage du divin auteur de ses jours?

N'existe-t-il pas, dans la presque totalité de nos villes, des établissements et des dépôts où des Sœurs, dites de charité, habiles en pharmacie comme celles de Lyon, composent et administrent aux pauvres malades des remèdes aussi salutaires que peu coûteux. Les villages ne peuvent participer à ce bienfait. Trop éloignés des hospices, ces habitants refusent ou répugnent à s'y faire transporter. Presque toujours le

malade, par une administration de remèdes sim-
ples et faciles, verrait disparaître le germe dangereux d'une maladie qui n'est souvent qu'un
acte de la nature qui tend à remettre le corps
en santé. L'habitant des campagnes n'a pas au-
tour de lui de médecin. S'il en est auprès de son
hameau, leur ignorance ou leur incapacité est
souvent bien funeste; et cette ignorance, qui
peut également atteindre le curé, ne serait-elle
pas atténuée ou détruite par un dépôt accompa-
gné d'instructions que pourrait faire le gouvernement ? Serait-il impossible que les séminaires,
où vont se former et se consacrer les ministres
des autels, y renfermassent également des phar-
macies, où ces jeunes pasteurs puiseraient les
premières notions de santé corporelle.

Ne pourrait-on, à l'exemple de leur divin
maître, leur prescrire, à des heures convenables
au régime de la maison, la visite des hôpitaux,
dont la fréquence aurait le précieux avantage de
remplir un précepte de charité, et celui de donner des connaissances qui, reportées dans la pa-
roisse, seraient si utiles aux pauvres et si agréa-
bles à la Divinité. Ah! bons et respectables curés,

Que j'aime ce modeste et pieux presbytère
Où vit l'homme de Dieu, dont le saint ministère,
Du peuple réuni présente au ciel les vœux;
Ouvre, sur le hameau, tous les trésors des cieux,

Soulage le malheur, consacre l'hyménée,
Bénit et les moissons et les fruits de l'année,
Enseigne la vertu, reçoit l'homme au berceau,
Le conduit dans la vie et le suit au tombeau.
Par ses sages conseils, sa bonté, sa prudence,
Il est pour le village une autre Providence.
Quelle obscure indigence échappe à ses bienfaits?
Dieu seul n'ignore pas les heureux qu'il a faits.
Il paraît dans ces lieux, où le malheur rassemble
Le besoin, la douleur, et le trépas ensemble;
Par ses soins consolants le mal perd son horreur,
Le besoin sa détresse et la mort sa terreur.
Qui prévient le besoin, prévient souvent le crime.
Le pauvre le bénit et le riche l'estime;
Et souvent deux mortels, l'un de l'autre ennemis,
S'embrassent à sa table, et se trouvent amis.

En traçant le portrait d'un bon curé, je me suis écarté du fond de la discussion dont je m'occupe; je vais continuer à présenter les différents moyens qui peuvent amener l'application de l'indemnité ou restitution qui est le but de cet Écrit.

Dans l'état où j'ai laissé la question, il semblerait que j'ai suffisamment établi la justice de la restitution; mais, par un nouveau développement, prévenons les objections qu'on pourrait encore nous opposer. On dira peut-être que si l'opinion proposée prenait de la consistance, l'état se trouverait encombré sous le poids d'une dette incommensurable; mais l'Etat a-t-il été ruiné par une restitution à-peu-près semblable à celle que j'indique? A l'époque de la révocation de l'édit de Nantes, il y eut autant d'émigrés que de nos jours. Les descendants de ces religionnaires fugitifs ne sont-ils pas rentrés *de plano* dans leurs propriétés? Il est vrai que ces propriétés n'avaient pas été aliénées par des ventes; mais elles l'avaient été par baux emphytéotiques et perpétuels. Les détenteurs en jouissaient depuis plus d'un siècle. L'inféodation les avait rendus propriétaires incommutables, sauf le paiement du cens ou de la rente. La restitution a été juste : elle n'a occasionné aucun bouleversement dans l'Etat ni dans les fortunes.

Les émigrés français sont aujourd'hui réunis à la grande famille; ils sont rentrés avec le Père auguste de la nation. Ce père, bon, vertueux, religieux, se refuserait-il à vêtir ses enfants qui ne l'ont jamais quitté? Les frères de ces anciens proscrits murmureraient-ils de quelques légers sacrifices que nécessiterait la détresse de leurs frères malheureux? Innocents ou amnistiés, ils se présentent couverts de l'égide de la Charte, qui a aboli la confiscation.

Le papier-monnaie a toujours été le fléau des états; reportons-nous à ce temps où un étranger audacieux, hardi financier, grand spéculateur, inonda la France de ses billets de banque, fascina les yeux de nos ancêtres jusqu'au point de leur persuader que son papier valait mieux que le numéraire; poussa l'audace jusqu'à obtenir des édits bursaux, qui défendaient à tout particulier d'avoir plus de 500 francs en numéraire chez lui; qui influença tellement le Régent et le Roi, qu'ils donnèrent les premiers l'exemple, en faisant porter leur vaisselle à la monnaie, exemple qui fut suivi par tous les grands seigneurs (1).

Sur la fin du règne du fastueux et conquérant Louis XIV, l'État était accablé sous le poids de la dette publique. Le discrédit était parvenu au dernier période; à tel point, que les effets royaux étaient dans l'avilissement. Les contrats, sur l'Hôtel de ville, ne se vendaient que la moitié de leur valeur, et les billets dits d'*ustensiles* perdaient de 80 à 90 pour cent. Le Monarque ayant eu un besoin pressant de 8 millions, il fut obligé de les acheter par 32 millions de rescriptions. C'était emprunter à 400 pour cent.

––––––

(1) Un seul s'y refusa. Le Roi ayant appris qu'il n'avait point fait porter sa vaisselle à la monnaie, le lui reprocha, en lui observant que lui, monarque, avait fait le sacrifice que commandaient les circonstances. Le grand seigneur répondit, avec une franchise si l'on veut bien gasconne : « Sire, quand notre Seigneur mourut le vendredi, il savait bien qu'il ressusciterait le dimanche. »

C'est dans ce désordre extrême, que le duc d'Orléans fut appelé à la régence. Dans l'impossibilité de faire face à tout, on lui proposa de sacrifier aux propriétaires des terres, les créanciers de l'Etat, qui n'étaient tout au plus que comme 1 est à 600. Le régent préféra un examen des engagements publics à une banqueroute entière, et adopta l'idée d'une chambre de justice destinée à poursuivre ceux qui avaient occasionné la misère publique, et qui en avaient profité. Cette mesure mit au grand jour les ruses des traitants et la bassesse de certains individus ; mais, au fond, cette inquisition ne donna ouverture qu'à quelques injustices, et ne produisit aucun résultat.

Loin de nous de proposer de pareils moyens ; mais du moins, si quelque rigoriste plus intéressé qu'intéressant, trouve dans le projet que je vais présenter, quelque analogie avec celui précité, il sera forcé de reconnaître que les bases reposent sur des fondements de justice et d'équité que les lois anciennes ou vivantes établissent et régissent. Developpons ce système abstrait et compliqué, seulement en apparence.

Sur le grand-livre de la dette publique, reposent et la jouissance des créanciers et les ressources journalières de l'Etat, contraint par ses besoins à ouvrir des emprunts dont la prime est au

moins de 25 pour cent , et qui momentanément
s'élève beaucoup plus haut. Ces emprunts n'at-
ténueront-ils pas la source qui les fournit, et
n'amèneront-ils pas un tarissement total ? Le
gouvernement, si je peux m'exprimer ainsi, joue un
jeu bien dangereux, jeu que prohibent les lois.

La bourse est ouverte aux spéculateurs ; il en
est qui, trompés dans leurs avides spéculations,
ont perdu leur fortune et même leur vie, puisque
plusieurs se sont suicidés de désespoir. Le cours
de la rente est établi et constaté tous les jours ;
et le particulier fait, sur ce papier ou rente, une
spéculation et un agio qu'il ne pourrait faire de
particulier à particulier. En effet, si un capitaliste
proposait à un propriétaire un prêt de 50,000 fr.,
à la charge par l'emprunteur de lui payer ou d'é-
tablir sur son bien une rente de 5,000 fr. par an ;
que le propriétaire souscrivît cet engagement ; sa
volonté et la loi le rédimeraient de l'onéreux de
l'emprunt, en réduisant l'intérêt au taux légal
de 5 pour cent.

Eh bien ! il me semble qu'il serait facile, en
remontant à la création de la rente, d'en con-
naître , d'en analyser les résultats. Dans le principe, le grand-livre s'est trouvé chargé de l'acquit
ou remboursement des offices de judicature sup-
primés. On inscrivit peu après les créanciers des
domaines nationaux que l'on avait vendus, comme

nous l'avons dit, affranchis de toute hypothèque. L'acquit de ces créances se réduisit au tiers consolidé, lequel n'eut, par l'effet de l'agiotage qui s'établit sur la rente, qu'une valeur à-peu-près de moitié; de sorte que le créancier inscrit a perdu 75 pour cent, sur une créance qu'une hypothèque territoriale garantissait dans son entier.

On a ajouté en surcharge au grand-livre les liquidations pour fournitures, l'arriéré des soldes; et enfin on a ouvert, soit au-dedans, soit au-dehors, des emprunts onéreux qui présentent une garantie équivalente au discrédit bursal de la rente.

Comment puiser dans cette surcharge, aussi effrayante que colossale, les moyens d'acquitter les indemnités dues aux émigrés, ou à leurs créanciers? Il me semble que ce problème peut se résoudre en conservant une balance qui éloignerait la banqueroute, la rendrait impossible, sans s'écarter des règles immuables de l'équilibre légal. Serait-ce porter atteinte à la propriété des détenteurs actuels de la rente, en les réduisant à la jouissance positive du taux légal de l'intérêt de l'argent, et ce, en raison du capital donné par eux? Est-il donc si nécessaire de les investir à jamais d'un placement fait à 50 pour cent de bénéfice? Leur sera-t-il constamment permis de faire avec l'État, toujours mineur, des opérations que la loi prohibe, de particulier à particulier, de majeur à majeur; et je crois pouvoir établir que ce mode de réduction de la rente au taux du capital fourni, serait aussi facile dans l'exécution que salutaire dans son résultat, en ce qu'il soulagerait la dette publique d'un pesant fardeau qui retombe journellement sur la masse populatrice de la France, qui n'a profité d'aucune des chances agiotantes qui ont enrichi ou favorisé des spéculateurs, plutôt que des citoyens.

En compulsant le grand-livre dans son ordre chronologique, on trouvera un titulaire, primitif créancier, médiat et direct, qui a subi injustement peut-être une réduction augmentée par l'aliénation qu'il a pu faire; mais c'est à celui-là seul que s'est bornée la perte; ceux qui par transmission ont successivement joui, n'ont été atteints par aucun impôt, aucune réduction. N'est-il pas bien étonnant qu'une rente puisse par sa valeur acquérir le droit de prétendre à des pouvoirs et des honneurs, en cumulant le revenu foncier ? A-t-on jamais vu un placement de fonds publiquement établi, n'être pas soumis à une retenue ou impôt quelconque, lorsque des pensions militaires et autres y sont soumises ; lorsque l'industrie, peu ou point productive, du négociant, du marchand, de l'artisan, est soumise à une patente ; tel qui possède 20,000 fr. de rente sur le grand-livre, ne supporte d'autre charge que celle que son avarice lui fait encore diminuer, en se logeant ou se plaçant dans la cathégorie de la classe qui paye le modique impôt de 6 francs ; tandis que le manouvrier , le laboureur en payent tout autant. Le propriétaire de terres voit son revenu, souvent accidentel, grevé de l'impôt qui dépasse quelquefois la moitié de son produit ; mais, dira-t-on, si l'on fait un appel aux rentiers du grand-livre , le gouvernement verra diminuer ses ressources, son crédit. Eh quel mal y aurait-il que ce jeu sur la rente cessât comme tous ceux qui sont ouverts au Palais-Royal ? Par quel étrange privilége les mutations de propriétés sont-elles exemptes d'enregistrement, de frais de contrats et autres; tandis que la vente d'un patrimoine, l'investiture d'une succession directe, sont soumises à des droits d'enregistrement ? La bourse ne devrait être consacrée exclusivement qu'au commerce ; elle deviendrait alors vivifiante , au lieu d'être dans l'exercice de l'agiotage que j'attaque ; pernicieuse à la masse des citoyens qui sont tous appelés à des charges imposées , pour procurer au gouvernement le numéraire nécessaire à l'acquit des intérêts que supporte le grand-livre; certes , en m'exprimant ainsi, je n'en provoque pas la suppression; au contraire, en laissant toute chose *in statu quo*, réduisant seulement l'intérêt à la moyenne proportionnelle du taux légal, relatif à la mise réelle du capital, je trouve de quoi payer l'indemnité aux émigrés, sans que l'État soit forcé d'augmenter ses énormes engagements, qui plus étendus, le mettraient dans l'impossibilité d'y satisfaire. Si la réduction au taux légal de la mise de fonds paraissait trop sévère, on devrait au moins, en faisant une retenue quelconque, assimiler la rente aux pensions militaires , retenue qui serait appliquée à l'indemnité due aux émigrés.

Ce plan , ce projet serait susceptible d'un grand développement; la base en est établie, la justice prouvée; il ne s'agirait plus, dans son application, que d'en régulariser la marche , en adoptant au fond des exceptions que des rapports avec les étrangers pourraient nécessiter : je les prévois, je pourrai même les indiquer; mais je dois me borner pour le moment à desirer que la ressource que je propose puisse être considérée comme avantageuse à l'Etat et utile à des citoyens qui , dans leur détresse , attendent de la mère-patrie, justice, secours ou assistance.

De l'Imprimerie de L.-G. Michaud, rue des Bons-Enfants, n°. 34.